школа - école	2
путешествие - voyage	5
транспорт - transport	8
город - ville	10
ландшафт - paysage	14
ресторан - restaurant	17
супермаркет - supermarché	20
напитки - boissons	22
еда - aliments	23
ферма - ferme	27
дом - maison	31
гостиная - salle de séjour	33
кухня - cuisine	35
ванная комната - salle de bains	38
детская комната - chambre d'enfant	42
одежда - vêtements	44
офис - bureau	49
экономика - économie	51
профессии - professions	53
инструменты - outils	56
музыкальные инструменты - instruments de musique	57
зоопарк - zoo	59
спорт - sports	62
действия - activités	63
семья - famille	67
тело - corps	68
больница - hôpital	72
неотложный случай - urgence	76
земля - Terre	77
часы - heure	79
неделя - semaine	80
год - année	81
формы - formes	83
цвета - couleurs	84
противоположности - opposés	85
цифры - nombres	88
языки - langues	90
кто / что / как - qui / quoi / comment	91
где - où	92

Impressum
Verlag: BABADADA GmbH, Nedderfeld 112 , 22529 Hamburg
Geschäftsführer / Verlagsleitung: Harald Hof
Druck: Books on Demand GmbH, In de Tarpen 42, 22848 Norderstedt

Imprint
Publisher: BABADADA GmbH, Nedderfeld 112 , 22529 Hamburg, Germany
Managing Director / Publishing direction: Harald Hof
Print: Books on Demand GmbH, In de Tarpen 42, 22848 Norderstedt

школа
école

- делить / diviser
- доска / tableau
- классная комната / salle de classe
- школьный двор / cour d'école
- учитель / enseignant
- бумага / papier
- писать / écrire
- ручка / stylo
- письменный стол / bureau de travail
- линейка / règle
- книга / livre
- ученик / écolier

ранец
sac d'écolier

пенал
trousse

карандаш
crayon

точилка
taille-crayon

ластик
gomme à effacer

альбом для рисования
bloc de papier à dessin

рисунок
dessin

кисточка
pinceau

коробка красок
boîte de peintures

ножницы
ciseaux

клей
colle

тетрадь
cahier d'exercices

домашняя работа
devoirs

цифра
chiffre

прибавлять
additionner

вычитать
soustraire

умножать
multiplier

считать
calculer

буква
lettre

алфавит
alphabet

слово
mot

школа - école

текст
texte

читать
lire

мел
craie

урок
leçon

классный журнал
le cahier de notes

экзамен
examen

диплом
certificat

школьная форма
uniforme scolaire

образование
éducation

энциклопедия
encyclopédie

университет
université

микроскоп
microscope

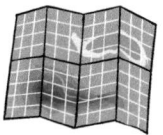
карта
carte

корзина для бумаг
corbeille à papier

школа - école

путешествие
voyage

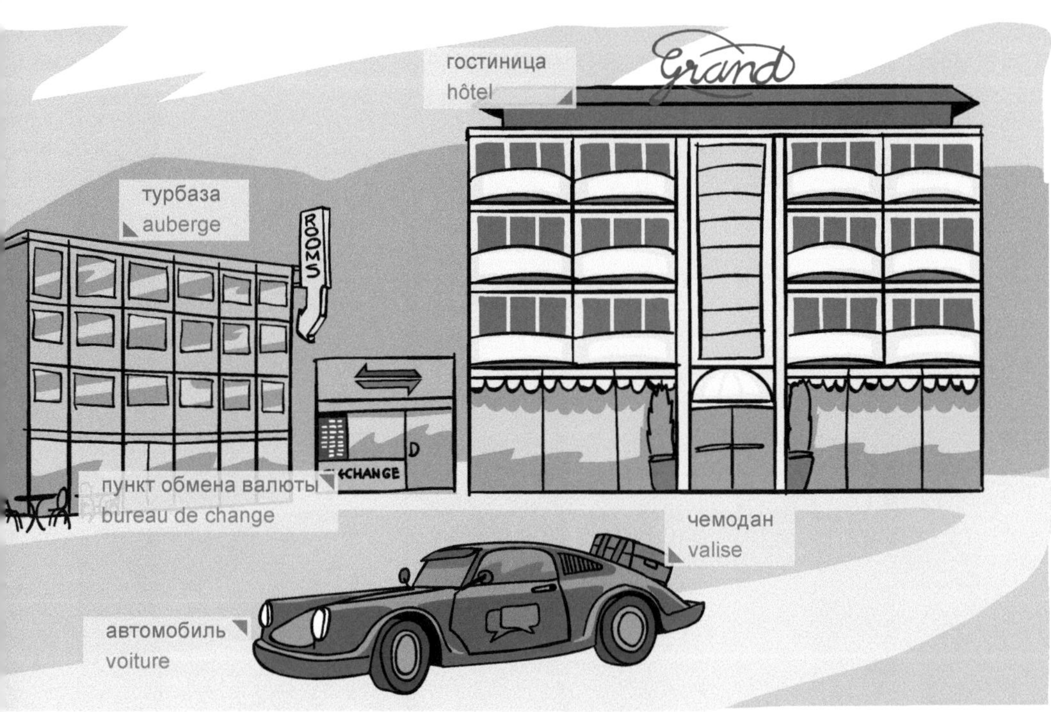

гостиница
hôtel

турбаза
auberge

пункт обмена валюты
bureau de change

чемодан
valise

автомобиль
voiture

язык
langue

да / нет
oui / non

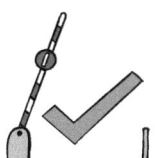

хорошо
Okay

Привет
Allo!

переводчик
traducteur

Спасибо
Merci

путешествие - voyage

Сколько стоит…?

Combien coûte…?

Я не понимаю

Je ne comprends pas

проблема

problème

Добрый вечер!

Bonsoir !

Доброе утро!

Bonjour !

Доброй ночи!

Bonne nuit !

До свидания

bye bye

направление

direction

багаж

bagages

сумка

sac

рюкзак

sac à dos

гость

invité

комната

pièce

спальный мешок

sac de couchage

палатка

tente

путешествие - voyage

туристическая
информация
bureau d'information
touristique

пляж
plage

кредитная карточка
carte de crédit

завтрак
déjeuner

обед
dîner

ужин
souper

билет
billet

лифт
ascenceur

почтовая марка
timbre

граница
frontière

таможня
douane

посольство
ambassade

виза
visa

паспорт
passeport

путешествие - voyage

транспорт
transport

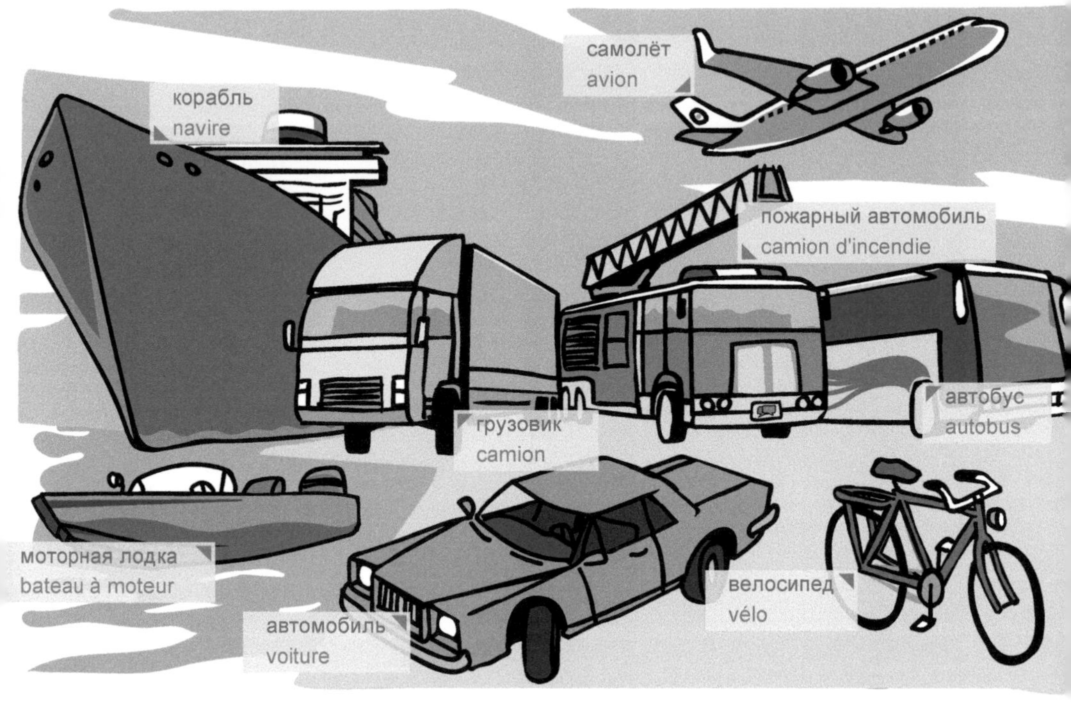

самолёт
avion

корабль
navire

пожарный автомобиль
camion d'incendie

грузовик
camion

автобус
autobus

моторная лодка
bateau à moteur

автомобиль
voiture

велосипед
vélo

паром
traversier

лодка
bateau

мотоцикл
motocyclette

полицейский автомобиль
voiture de police

гоночный автомобиль
voiture de course

арендованный автомобиль
voiture de location

транспорт - transport

совместное пользование автомобилями
autopartage

буксировочный автомобиль
dépanneuse

мусоровоз
camion à ordures

двигатель
moteur

топливо
carburant

заправка
station-service

дорожный знак
panneau de signalisation

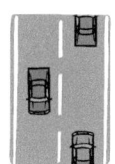

движение
circulation

пробка
embouteillage

автостоянка
parc de stationnement

вокзал
gare

рельсы
voies ferrées

поезд
train

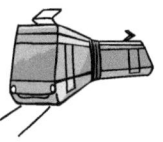

трамвай
tramway

вагон
wagon

транспорт - transport

вертолёт

hélicoptère

аэропорт

aéroport

вышка

tour

пассажир

passager

контейнер

conteneur

коробка

boîte en carton

тележка

chariot

корзина

panier

взлетать / приземляться

décoller / atterrir

город
ville

деревня

village

центр города

centre-ville

дом

maison

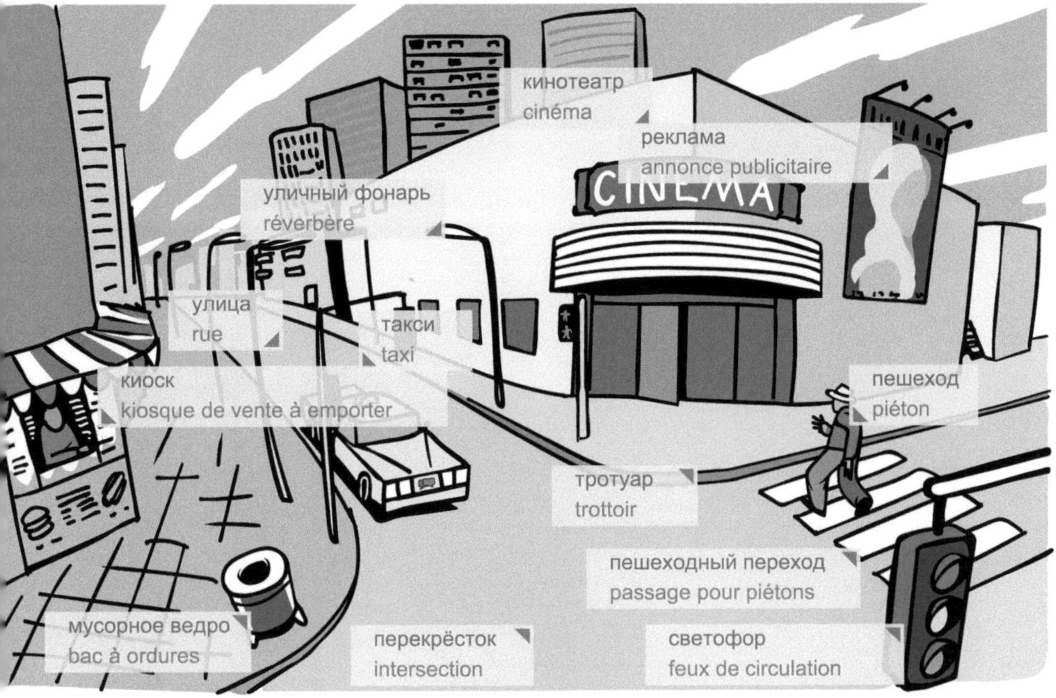

кинотеатр
cinéma

реклама
annonce publicitaire

уличный фонарь
réverbère

улица
rue

такси
taxi

киоск
kiosque de vente à emporter

пешеход
piéton

тротуар
trottoir

пешеходный переход
passage pour piétons

мусорное ведро
bac à ordures

перекрёсток
intersection

светофор
feux de circulation

хижина
cabane

квартира
appartement

вокзал
gare

ратуша
hôtel de ville

музей
musée

школа
école

город - ville

университет

université

банк

banque

больница

hôpital

гостиница

hôtel

аптека

pharmacie

офис

bureau

книжный магазин

librairie

магазин

magasin

цветочный магазин

fleuriste

супермаркет

supermarché

рынок

marché

универмаг

grand magasin

торговец рыбой

poissonnerie

торговый центр

centre commercial

порт

port

парк
parc

скамейка
banc

мост
pont

лестница
escaliers

метро
métro

тоннель
tunnel

автобусная остановка
arrêt d'autobus

бар
bar

ресторан
restaurant

почтовый ящик
boîte à lettres

табличка с названием улицы
plaque de rue

паркометр
parcomètre

зоопарк
zoo

бассейн
bains publics

мечеть
mosquée

город - ville

ферма
ferme

загрязнение окружающей среды
pollution

кладбище
cimetière

церковь
église

детская площадка
aire de jeux

храм
temple

ландшафт
paysage

- лист / feuille
- дорожный указатель / panneau indicateur
- дорога / chemin
- луг / pré
- камень / pierre
- дерево / arbre
- путешественник / randonneur
- река / rivière
- трава / herbe
- цветок / fleur

долина
vallée

гора
colline

озеро
lac

лес
forêt

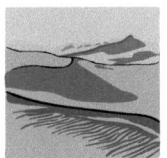

пустыня
désert

вулкан
volcan

замок
château

радуга
arc-en-ciel

гриб
champignon

пальма
palmier

комар
moustique

муха
mouche

муравей
fourmi

пчела
abeille

паук
araignée

ландшафт - paysage

жук
scarabée

лягушка
grenouille

белка
écureuil

еж
hérisson

заяц
lièvre

сова
chouette

птица
oiseau

лебедь
cygne

кабан
sanglier

олень
cerf

лось
orignal

плотина
barrage

ветряной генератор
éolienne

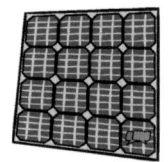
солнечная батарея
panneau solaire

климат
climat

ландшафт - paysage

ресторан
restaurant

- официант / serveur
- меню / menu
- стул / chaise
- суп / soupe
- пицца / pizza
- столовые приборы / coutellerie
- скатерть / nappe

закуска
hors-d'œuvre

главное блюдо
plat principal

десерт
dessert

напитки
boissons

еда
aliments

бутылка
bouteille

фастфуд
restauration rapide

уличная еда
cuisine de rue

чайник
théière

сахарница
sucrier

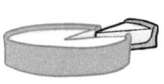

порция
part

кофеварка
machine à expresso

детский стульчик
chaise haute d'enfant

счет
facture

поднос
plateau

нож
couteau

вилка
fourchette

ложка
cuillère

чайная ложка
cuillère à thé

салфетка
serviette

стакан
verre

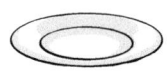
тарелка
assiette

суповая тарелка
assiette creuse

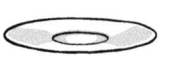
блюдце
soucoupe

соус
sauce

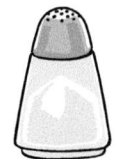
солонка
salière

мельница для перца
moulin à poivre

уксус
vinaigre

масло
huile

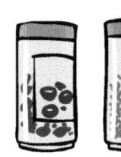
специи
épices

кетчуп
ketchup

горчица
moutarde

майонез
mayonnaise

супермаркет
supermarché

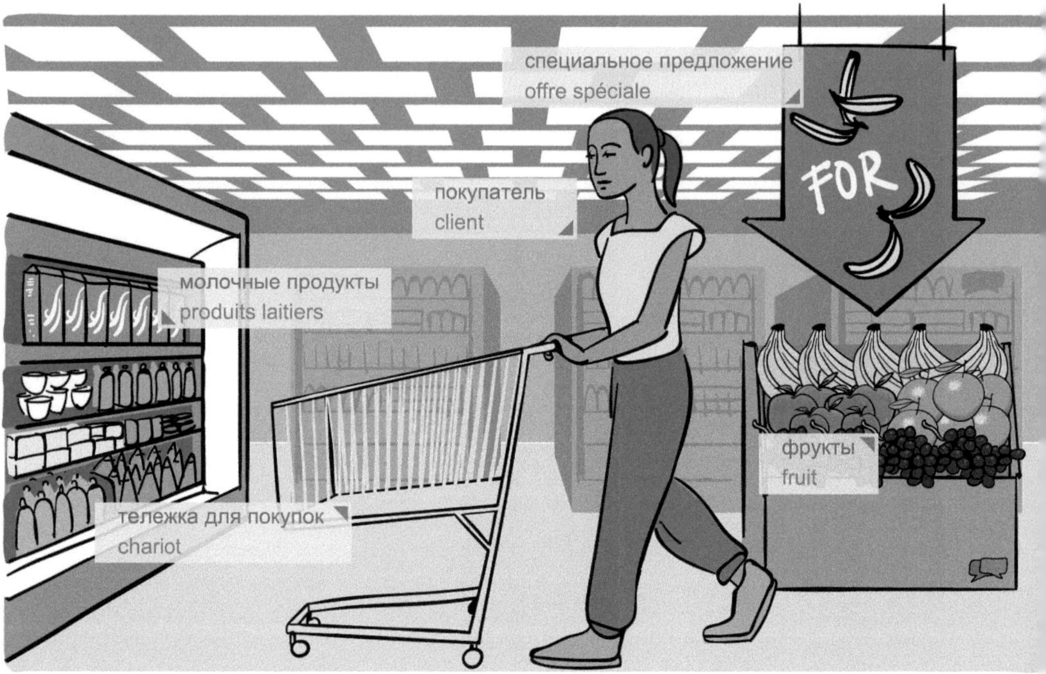

специальное предложение
offre spéciale
покупатель
client
молочные продукты
produits laitiers
фрукты
fruit
тележка для покупок
chariot
FOR

BUTCHERS

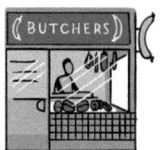

мясной магазин

boucherie

BAKERY

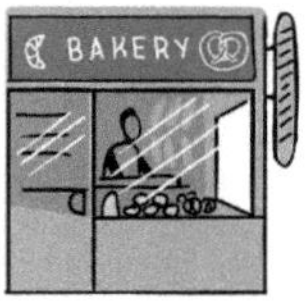

пекарня

boulangerie

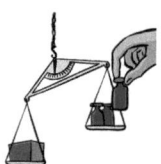

взвешивать

peser

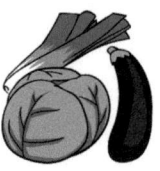

овощи

légumes

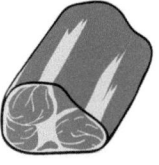

мясо

viande

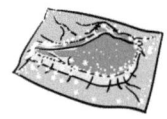

быстрозамороженные продукты

aliments congelés

нарезка

viandes froides

консервы

conserves

стиральный порошок

détergent à lessive en poudre

сладости

sucreries

предмет домашнего обихода

produits d'entretien ménager

моющее средство

produits d'entretien

продавщица

vendeuse

касса

caisse

кассир

caissier

список покупок

liste de provisions

время работы

heures d'ouverture

бумажник

portefeuille

кредитная карточка

carte de crédit

сумка

sac

полиэтиленовый пакет

sac plastique

супермаркет - supermarché

напитки
boissons

вода

eau

сок

jus

молоко

lait

кока-кола

cola

вино

vin

пиво

bière

алкоголь

alcool

какао

cacao

чай

thé

кофе

café

эспрессо

expresso

капучино

cappuccino

еда
aliments

банан

banane

яблоко

pomme

апельсин

orange

арбуз

melon d'eau

лимон

citron

морковь

carotte

чеснок

ail

бамбук

bambou

лук

oignon

гриб

champignon

орехи

noix

лапша

nouilles

спагетти
spaghettis

рис
riz

салат
salade

картофель фри
frites

жареный картофель
pommes de terre sautées

пицца
pizza

гамбургер
hamburger

сэндвич
sandwich

шницель
escalope

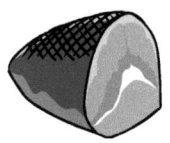
ветчина
jambon

салями
salami

колбаса
saucisse

курица
poulet

жаркое
rôti

рыба
poisson

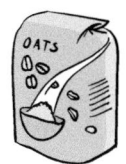

овсяные хлопья

gruau d'avoine

мюсли

muesli

кукурузные хлопья

flocons de maïs

мука

farine

круассан

croissant

булочка

petit pain

хлеб

pain

тост

rôtie

печенье

biscuits

масло

beurre

творог

caillé

пирог

gâteau

яйцо

œuf

яичница

œuf miroir

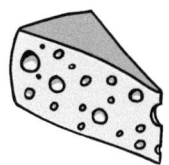

сыр

fromage

еда - aliments

мороженое

crème glacée

сахар

sucre

мёд

miel

мармелад

confiture

крем с нугой

crème de nougat

карри

cari

еда - aliments

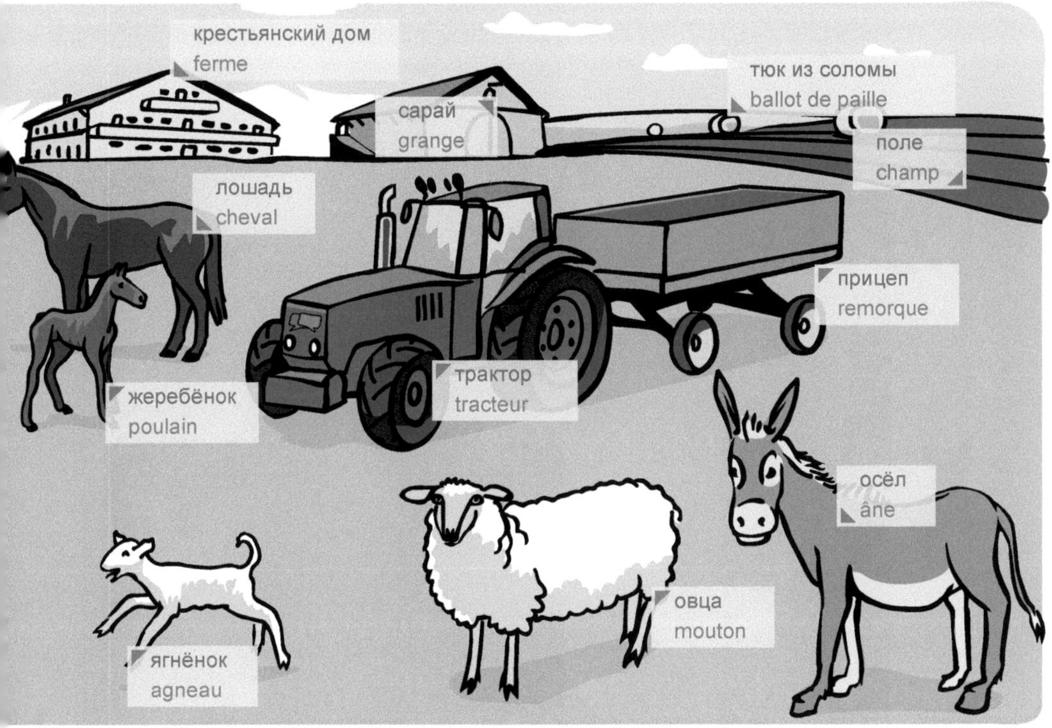

ферма
ferme

крестьянский дом
ferme

сарай
grange

тюк из соломы
ballot de paille

поле
champ

лошадь
cheval

прицеп
remorque

жеребёнок
poulain

трактор
tracteur

осёл
âne

овца
mouton

ягнёнок
agneau

коза

chèvre

корова

vache

телёнок

veau

свинья

porc

поросёнок

porcelet

бык

taureau

гусь
oie

утка
canard

цыплёнок
poussin

курица
poule

петух
coq

крыса
rat

кошка
chat

мышь
souris

вол
bœuf

собака
chien

конура
niche

садовый шланг
tuyau d'arrosage

лейка
arrosoir

коса
FALSE

плуг
charrue

ферма - ferme

серп
faucille

мотыга
binette

навозные вилы
fourche à foin

топор
hache

тачка
brouette

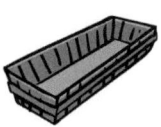
корыто
auge

бидон для молока
pot à lait

мешок
grand sac

забор
clôture

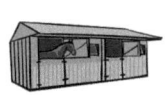
хлев
écurie

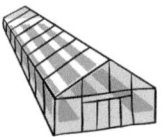
теплица
serre

почва
sol

посев
graines

удобрение
engrais

комбайн
moissonneuse-batteuse

ферма - ferme

собирать урожай

récolter

урожай

récolte

ямс

igname

пшеница

blé

соя

soja

картофель

pomme de terre

кукуруза

maïs

рапс

graine de colza

фруктовое дерево

arbre fruitier

маниок

manioc

злаки

grains

ферма - ferme

дом
maison

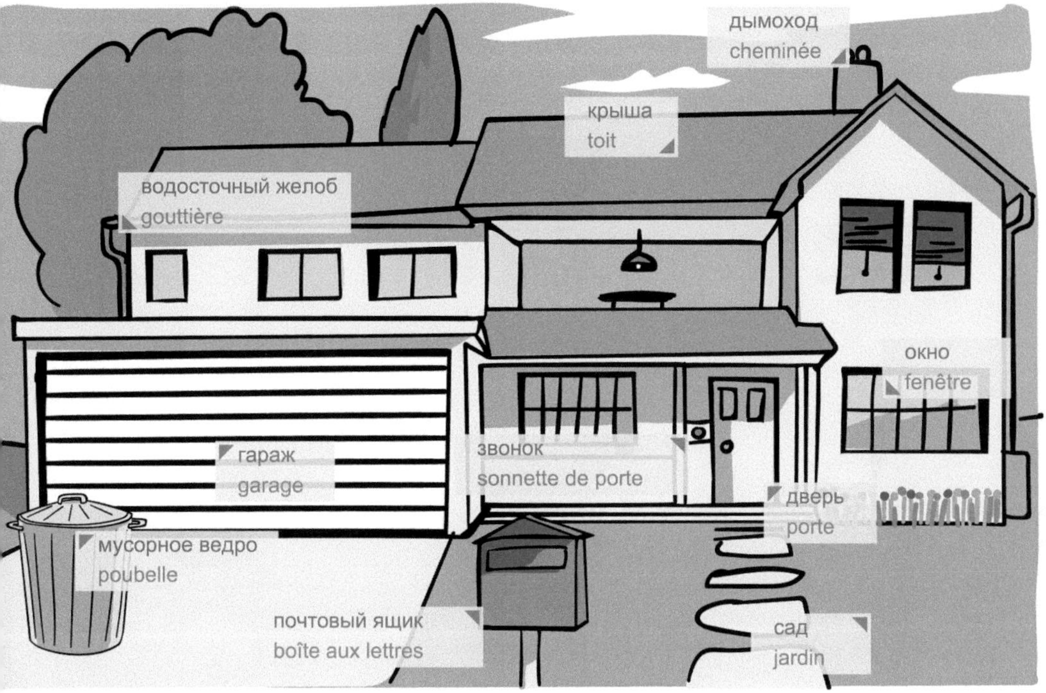

дымоход / cheminée

крыша / toit

водосточный желоб / gouttière

окно / fenêtre

гараж / garage

звонок / sonnette de porte

дверь / porte

мусорное ведро / poubelle

почтовый ящик / boîte aux lettres

сад / jardin

гостиная
salle de séjour

ванная комната
salle de bains

кухня
cuisine

спальня
chambre à coucher

детская комната
chambre d'enfant

столовая
salle à manger

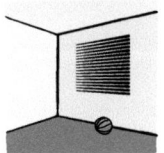

пол

plancher

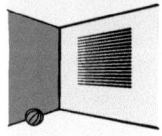

стена

mur

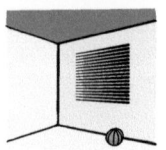

потолок

plafond

подвал

cellier

сауна

sauna

балкон

balcon

терраса

terrasse

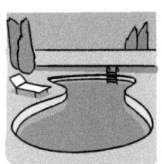

бассейн

piscine

газонокосилка

tondeuse à gazon

пододеяльник

drap

покрывало

jeté de lit

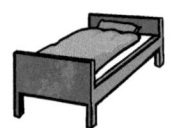

кровать

lit

метла

balai

ведро

seau

выключатель

interrupteur

дом - maison

гостиная
salle de séjour

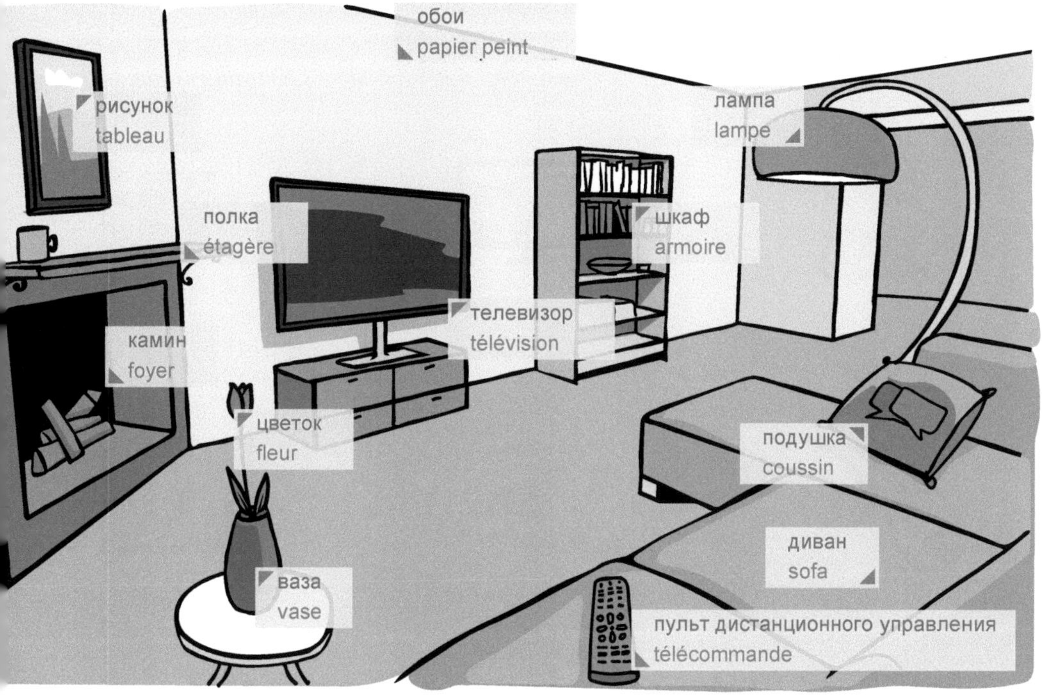

обои — papier peint
рисунок — tableau
лампа — lampe
полка — étagère
шкаф — armoire
камин — foyer
телевизор — télévision
цветок — fleur
подушка — coussin
ваза — vase
диван — sofa
пульт дистанционного управления — télécommande

ковёр
tapis

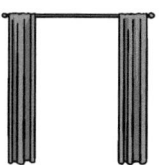

штора
rideau

стол
table

стул
chaise

кресло-качалка
berceuse

кресло
fauteuil

книга
livre

покрывало
couverte

украшение
décoration

дрова
bois de chauffage

фильм
film

стереосистема
chaîne hi-fi

ключ
clé

газета
journal

картина
peinture

плакат
affiche

радио
radio

блокнот
bloc-notes

пылесос
aspirateur

кактус
cactus

свеча
chandelle

гостиная - salle de séjour

кухня
cuisine

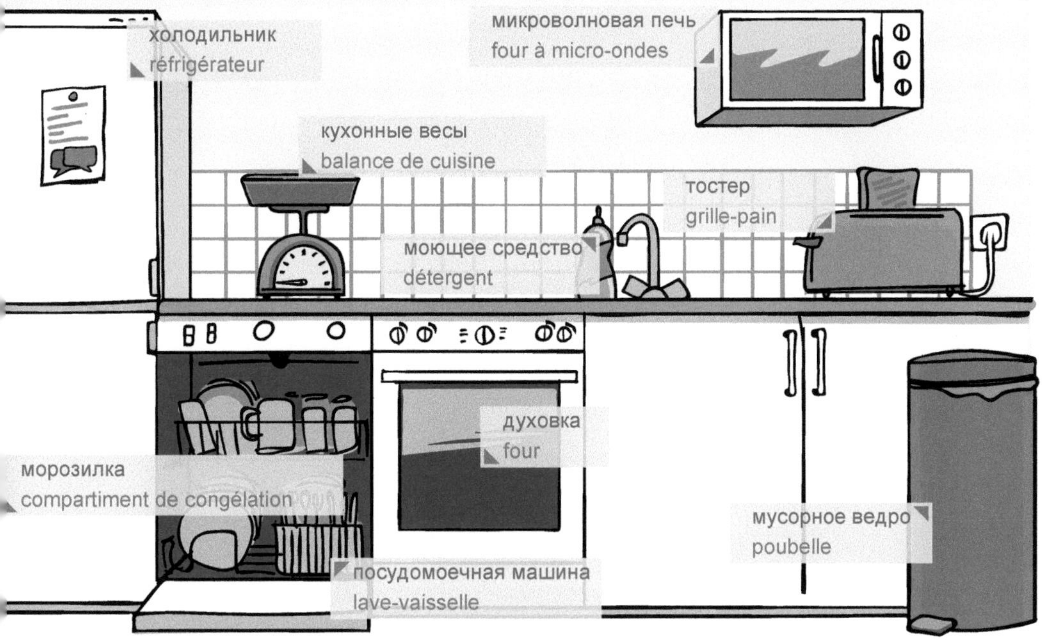

- холодильник / réfrigérateur
- микроволновая печь / four à micro-ondes
- кухонные весы / balance de cuisine
- моющее средство / détergent
- тостер / grille-pain
- морозилка / compartiment de congélation
- духовка / four
- мусорное ведро / poubelle
- посудомоечная машина / lave-vaisselle

плита
cuisinière

кастрюля
marmite

чугунный котелок
cocotte en fonte

вок / кадай
wok / kadai

сковорода
poêle

чайник
bouilloire

пароварка
cuiseur à vapeur

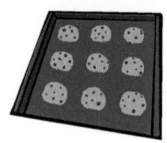

противень
plaque à pâtisserie

посуда
vaisselle

кружка
grande tasse

миска
bol

палочки для еды
baguettes

половник
louche

лопатка
spatule

сбивалка
fouet

сито
passoire

сито
tamis

тёрка
râpe

ступка
mortier

гриль
barbecue

костёр
foyer

кухня - cuisine

доска

planche à découper

скалка

rouleau à pâtisserie

штопор

tire-bouchon

жестяная банка

boîte à conserves

консервный нож

ouvre-boîte

прихватка

mitaine de four

раковина

évier

щетка

brosse

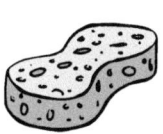

губка

éponge

миксер

mélangeur

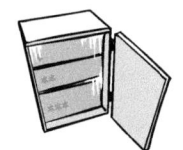

морозильная камера

congélateur

бутылочка для кормления

biberon

кран

robinet

кухня - cuisine

ванная комната
salle de bains

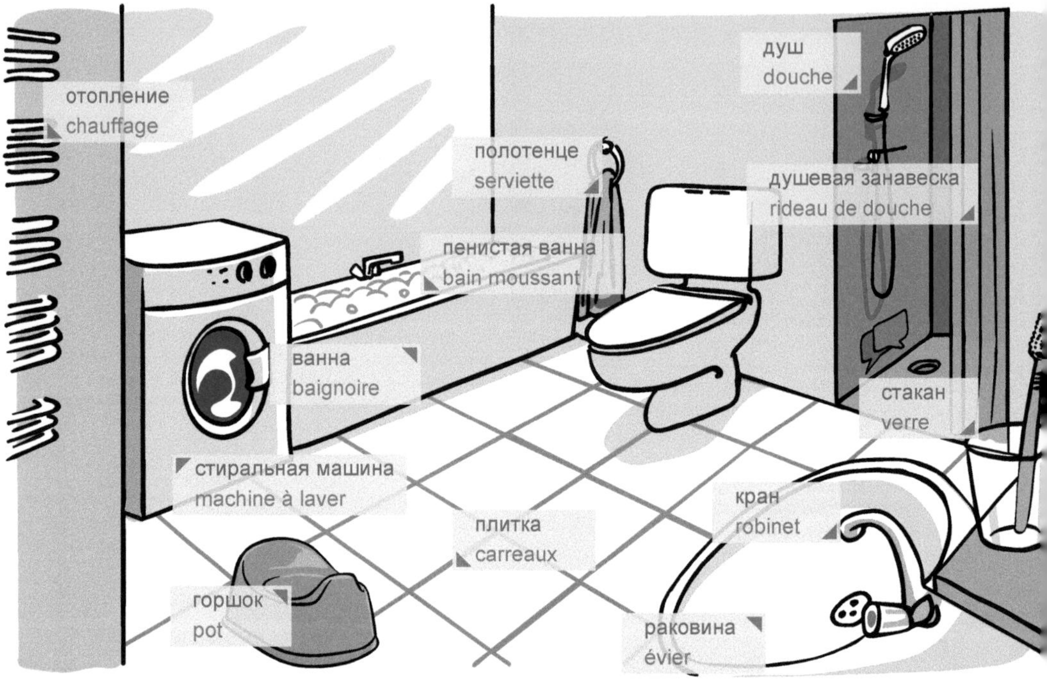

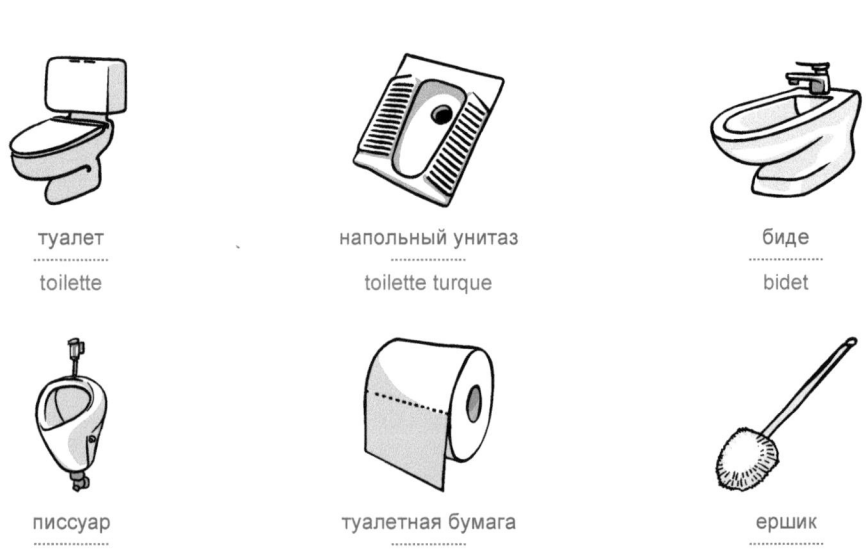

туалет	напольный унитаз	биде
toilette	toilette turque	bidet
писсуар	туалетная бумага	ершик
urinoir	papier hygiénique	brosse à toilette

зубная щетка

brosse à dents

зубная паста

dentifrice

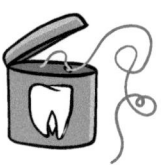

зубная нить

soie dentaire

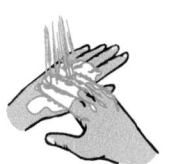

мыть

laver

ручной душ

douchette

интимный душ

douche vaginale

таз

cuvette

щетка для спины

brosse pour le dos

мыло

savon

гель для душа

gel douche

шампунь

shampoing

мочалка

débarbouillette

сток

drain

крем

crème

дезодорант

déodorant

ванная комната - salle de bains

зеркало
miroir

ручное зеркало
miroir à main

бритва
rasoir

пена для бритья
mousse à raser

лосьон после бритья
après-rasage

расческа
peigne

щетка
brosse

фен
sèche-cheveux

лак для волос
laque

косметика
maquillage

губная помада
rouge à lèvres

лак для ногтей
vernis à ongles

вата
ouate

маникюрные ножницы
ciseaux à ongles

духи
parfum

косметичка — trousse de toilette

табуретка — tabouret

весы — pèse-personne

халат — peignoir

резиновые перчатки — gants de caoutchouc

тампон — tampon

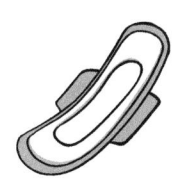 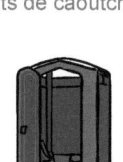

гигиеническая прокладка — serviette hygiénique

биотуалет — toilette chimique

ванная комната - salle de bains

детская комната
chambre d'enfant

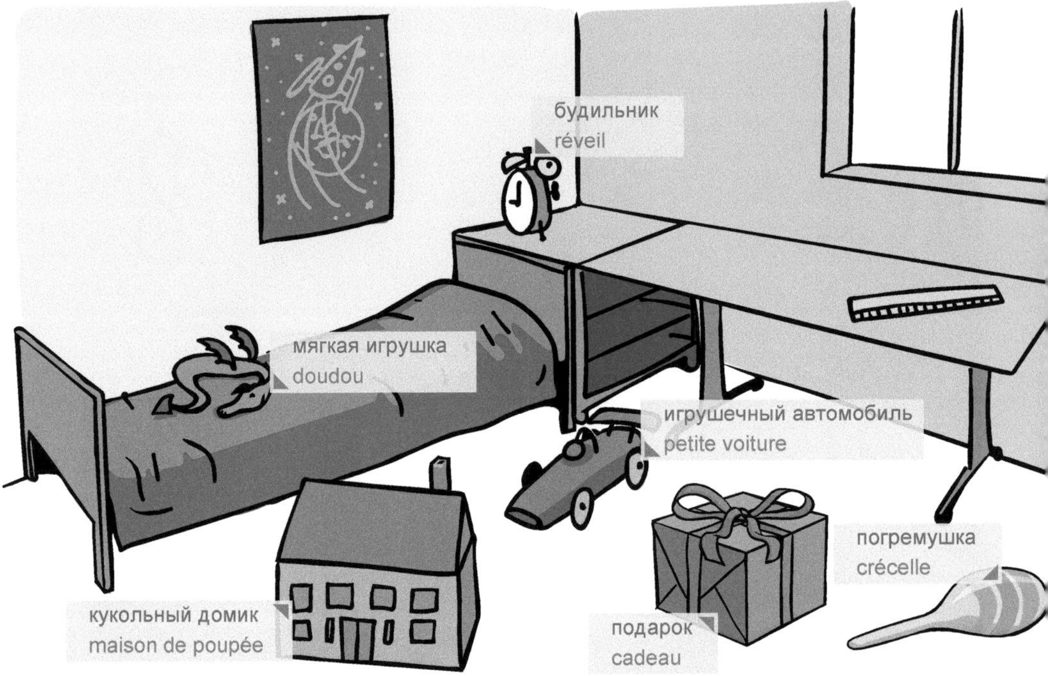

будильник
réveil
мягкая игрушка
doudou
игрушечный автомобиль
petite voiture
погремушка
crécelle
кукольный домик
maison de poupée
подарок
cadeau

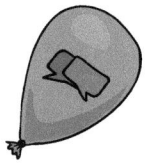

воздушный шар

ballon

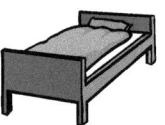

кровать

lit

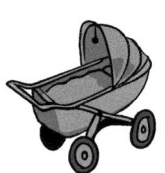

детская коляска

landau

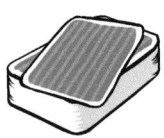

карточная игра

jeu de cartes

пазл

casse-tête

SUPER
MEGA

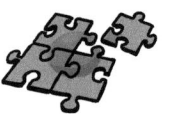

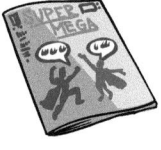

комикс

bande dessinée

кирпичики Лего
blocs LEGO

кубики
jeu de briques

игрушечная фигурка
figurine articulée

ползунки
dormeuse

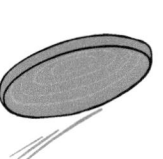
фрисби
disque volant

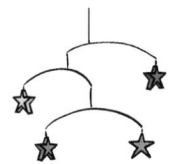
мобиле
mobile

настольная игра
jeu de société

кубик
dé

модель железной дороги
ensemble de modèles de train

соска
mannequin

вечеринка
fête

книга с картинками
livre d'images

мяч
balle

кукла
poupée

играть
jouer

песочница
bac à sable

качели
balançoire

игрушка
jouets

игровая приставка
console de jeu vidéo

трёхколесный велосипед
tricycle

плюшевый медвежонок
ours en peluche

шкаф для одежды
garde-robe

одежда
vêtements

носки
chaussettes

чулки
bas

колготки
collant

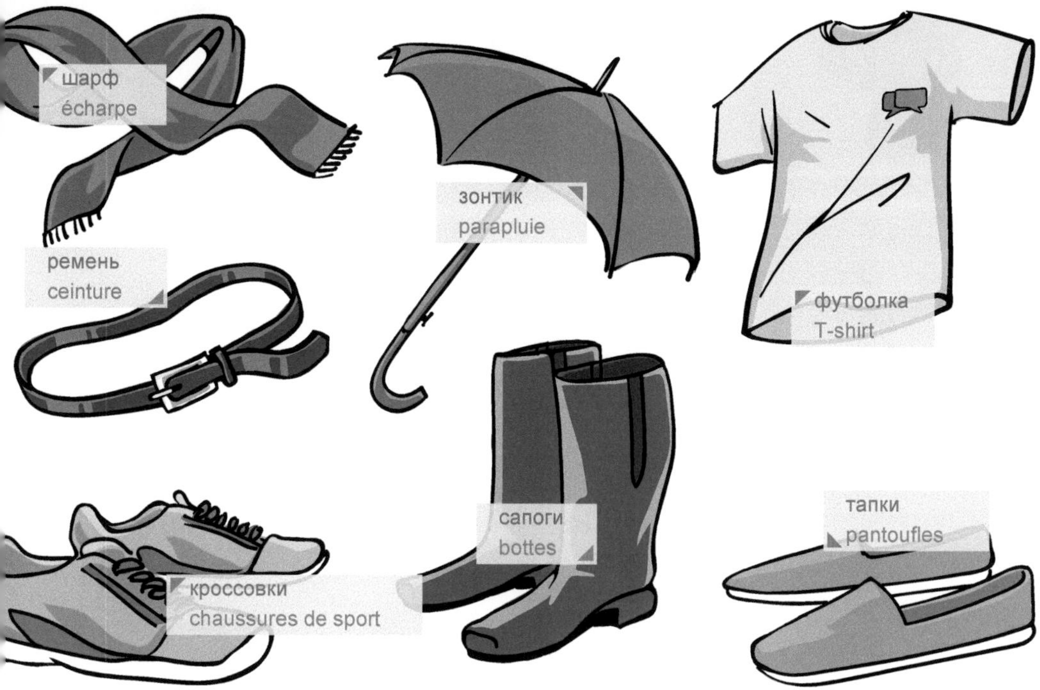

шарф
écharpe

зонтик
parapluie

футболка
T-shirt

ремень
ceinture

сапоги
bottes

тапки
pantoufles

кроссовки
chaussures de sport

сандалии
sandales

ботинки
souliers

резиновые сапоги
bottes de caoutchouc

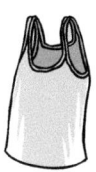

трусы
sous-vêtements

бюстгальтер
soutien-gorge

майка
gilet

одежда - vêtements

боди
body

брюки
pantalon

джинсы
jean

юбка
jupe

блузка
chemisier

рубашка
chemise

свитер
chandail

свитер
chandail à capuche

спортивная куртка
blazer

жакет
veste

пальто
manteau

плащ
manteau de pluie

костюм
complet

платье
robe

свадебное платье
robe de mariée

мужской костюм

tailleur

ночная сорочка

chemise de nuit

пижама

pyjama

сари

sari

платок

foulard

тюрбан

turban

паранджа

burqa

кафтан

cafetan

абайя

abaya

купальник

maillot de bain

плавки

maillot short

шорты

culotte courte

спортивный костюм

survêtement

фартук

tablier

перчатки

mitaines

одежда - vêtements

пуговица
bouton

очки
lunettes

браслет
bracelet

цепочка
collier

кольцо
bague

серьга
boucle d'oreille

шапка
tuque

вешалка
cintre

шляпа
chapeau

галстук
cravate

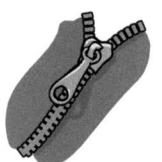

застежка молния
fermeture à glissière

шлем
casque

подтяжки
bretelles

школьная форма
uniforme scolaire

форма
uniforme

одежда - vêtements

детский нагрудник
bavoir

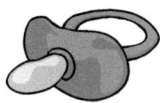

соска
mannequin

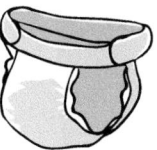

подгузник
couche

офис
bureau

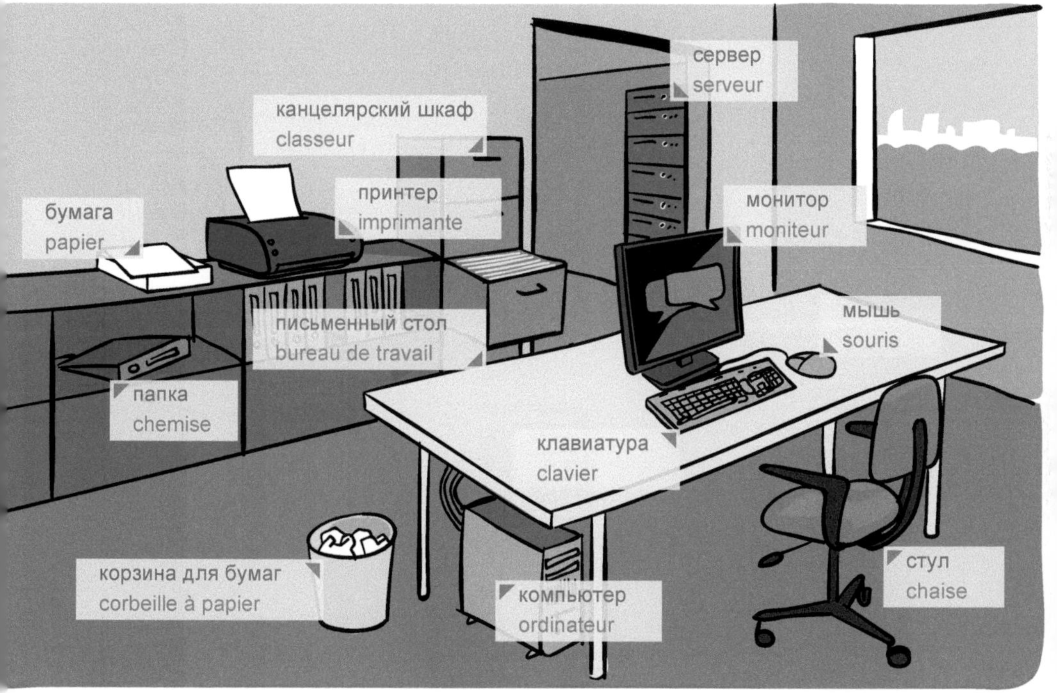

сервер
serveur

канцелярский шкаф
classeur

принтер
imprimante

монитор
moniteur

бумага
papier

мышь
souris

письменный стол
bureau de travail

папка
chemise

клавиатура
clavier

корзина для бумаг
corbeille à papier

компьютер
ordinateur

стул
chaise

кофейная кружка
grande tasse à café

калькулятор
calculatrice

интернет
Internet

ноутбук
ordinateur portable

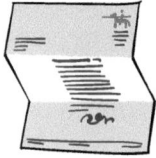

письмо
lettre

сообщение
message

мобильный телефон
téléphone cellulaire

сеть
réseau

ксерокс
photocopieur

программа
logiciel

телефон
téléphone

розетка
prise de courant

факс
télécopieur

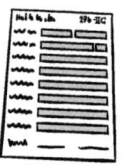

формуляр
formulaire

документ
document

офис - bureau

экономика
économie

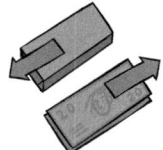

покупать

acheter

платить

payer

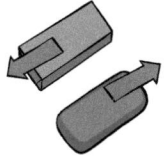

торговать

commercer

деньги

argent

доллар

dollar

евро

euro

иена

yen

рубль

rouble

франк

franc suisse

жэньминьби юань

renminbi yuan

рупия

roupie

банкомат

distributeur de billets

пункт обмена валюты
bureau de change

золото
or

серебро
argent

нефть
pétrole

энергия
énergie

цена
prix

договор
contrat

налог
taxe

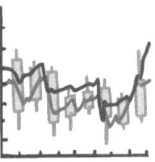

акция
actions

работать
travailler

служащий
employé

работодатель
employeur

фабрика
usine

магазин
magasin

экономика - économie

профессии
professions

милиционер
agent de police

пожарный
pompier

повар
cuisinier

врач
docteur

пилот
pilote

садовник
jardinier

столяр
charpentier

швея
couturier

судья
juge

химик
pharmacien

актёр
acteur

водитель автобуса

chauffeur d'autobus

таксист

chauffeur de taxi

рыбак

pêcheur

уборщица

femme de ménage

кровельщик

couvreur

официант

serveur

охотник

chasseur

художник

peintre

пекарь

boulanger

электрик

électricien

строитель

constructeur de bâtiments

инженер

ingénieur

мясник

boucher

сантехник

plombier

почтальон

facteur

профессии - professions

солдат
soldat

архитектор
architecte

кассир
caissier

флорист
fleuriste

парикмахер
coiffeur

кондуктор
chef de train

механик
mécanicien

капитан
capitaine

зубной врач
dentiste

ученый
scientifique

раввин
rabbin

имам
imam

монах
moine

священник
ecclésiastique

профессии - professions

инструменты
outils

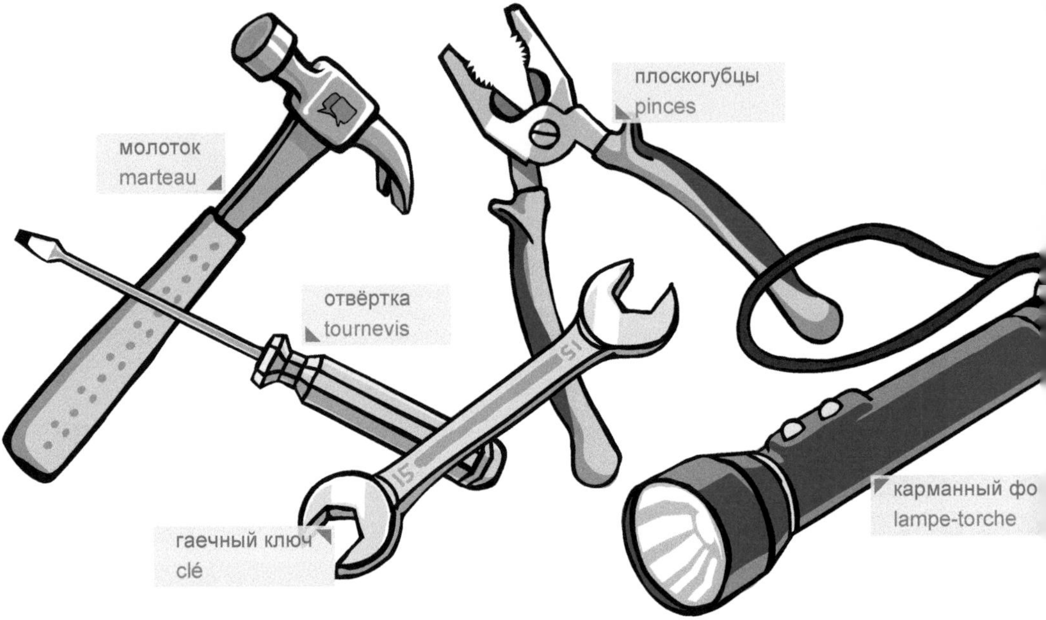

молоток
marteau

плоскогубцы
pinces

отвёртка
tournevis

гаечный ключ
clé

карманный фо
lampe-torche

экскаватор
excavatrice

ящик для инструментов
boîte à outils

стремянка
échelle

пила
scie

гвозди
clous

дрель
perceuse

инструменты - outils

ремонтировать
réparer

лопата
pelle

Блин!
tabarnouche

совок
pelle à poussière

ведро с краской
pot de peinture

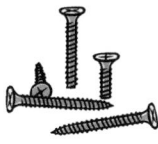
винты
vis

музыкальные инструменты
instruments de musique

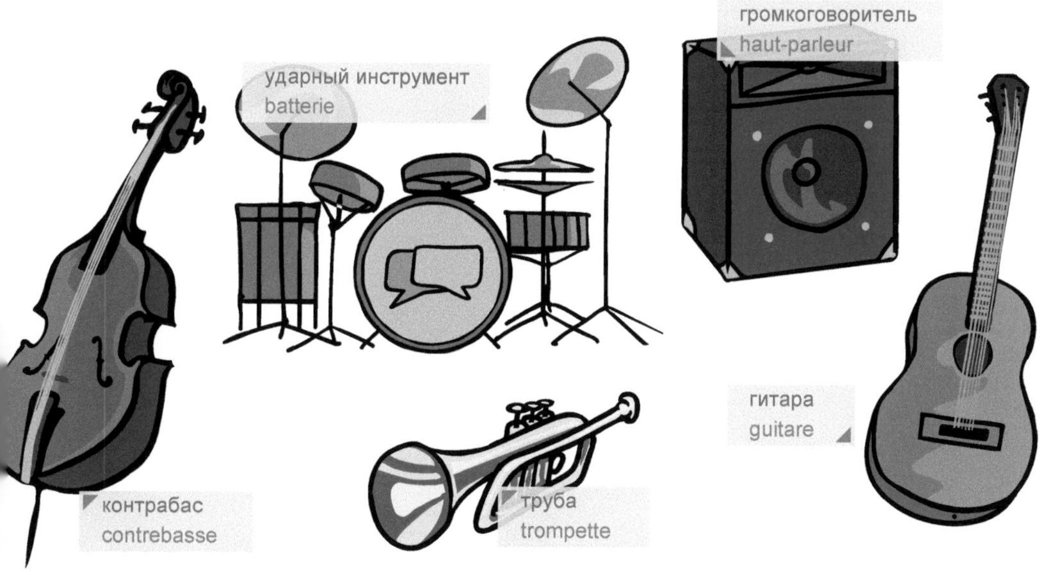

ударный инструмент
batterie

громкоговоритель
haut-parleur

гитара
guitare

контрабас
contrebasse

труба
trompette

пианино
piano

скрипка
violon

бас-гитара
basse

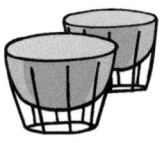
литавры
timbales

барабан
tambour

синтезатор
synthétiseur

саксофон
saxophone

флейта
flûte

микрофон
microphone

музыкальные инструменты - instruments de musique

зоопарк
zoo

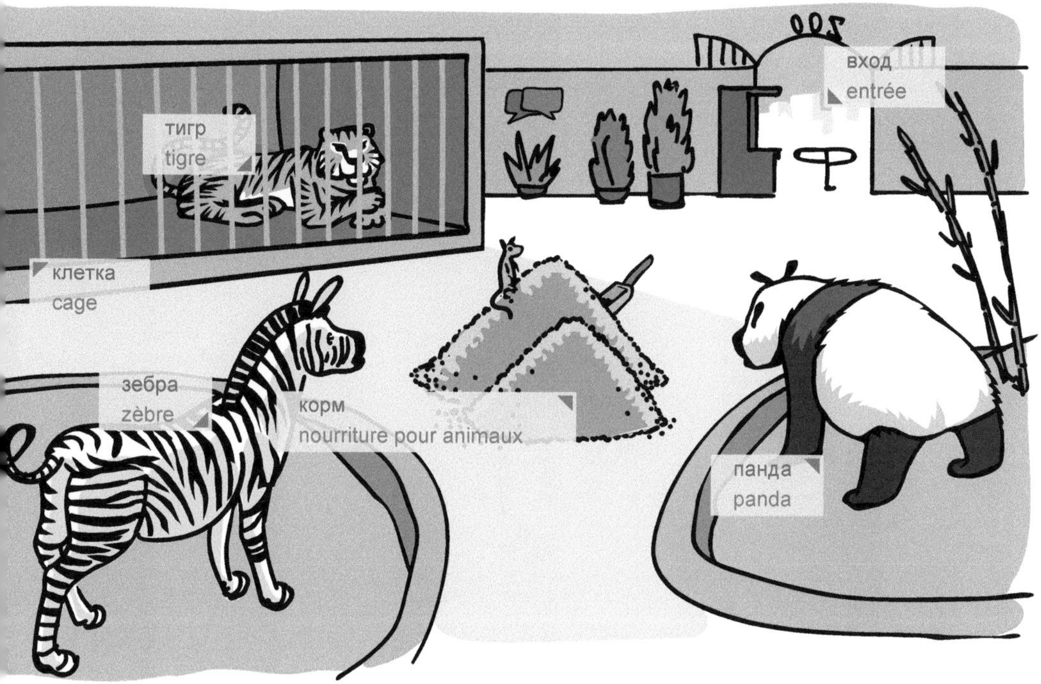

- тигр / tigre
- вход / entrée
- клетка / cage
- зебра / zèbre
- корм / nourriture pour animaux
- панда / panda

животные
animaux

слон
éléphant

кенгуру
kangourou

носорог
rhinocéros

горилла
gorille

медведь
ours

верблюд
chameau

страус
autruche

лев
lion

обезьяна
singe

фламинго
flamand rose

попугай
perroquet

белый медведь
ours polaire

пингвин
pingouin

акула
requin

павлин
paon

змея
serpent

крокодил
crocodile

служитель зоопарка
gardien de zoo

тюлень
phoque

ягуар
jaguar

зоопарк - zoo

пони
poney

léopard
léopard

бегемот
hippopotame

жираф
girafe

орёл
aigle

кабан
sanglier

рыба
poisson

черепаха
tortue

морж
morse

лиса
renard

газель
gazelle

зоопарк - zoo

спорт
sports

действия
activités

прыгать / sauter
обнимать / serrer dans les bras
смеяться / rire
идти / marcher
петь / chanter
молиться / prier
целовать / embrasser
мечтать / rêver

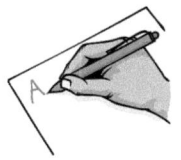

писать
écrire

рисовать
dessiner

показывать
montrer

нажимать
pousser

давать
donner

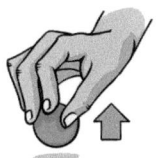

брать
prendre

иметь
avoir

делать
faire

быть
être

стоять
être debout

бежать
courir

тянуть
tirer

бросать
jeter

падать
tomber

лежать
s'allonger

ждать
attendre

носить
porter

сидеть
s'asseoir

надевать
s'habiller

спать
dormir

просыпаться
se réveiller

рассматривать
regarder

плакать
pleurer

гладить
caresser

причёсывать
peigner

говорить
parler

понимать
comprendre

спрашивать
demander

слушать
écouter

пить
boire

кушать
manger

наводить порядок
ranger

любить
aimer

готовить
cuisiner

ехать
conduire

летать
voler

действия - activités

ходить под парусом

faire de la voile

считать

calculer

читать

lire

учиться

apprendre

работать

travailler

вступать в брак

se marier

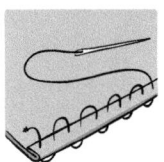

шить

coudre

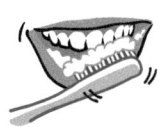

чистить зубы

brosser les dents

убивать

tuer

курить

fumer

отправлять

envoyer

действия - activités

семья
famille

бабушка / grand-mère

дедушка / grand-père

папа / père

мама / mère

младенец / bébé

дочь / fille

сын / fils

гость
invité

тетя
tante

дядя
oncle

брат
frère

сестра
sœur

тело
corps

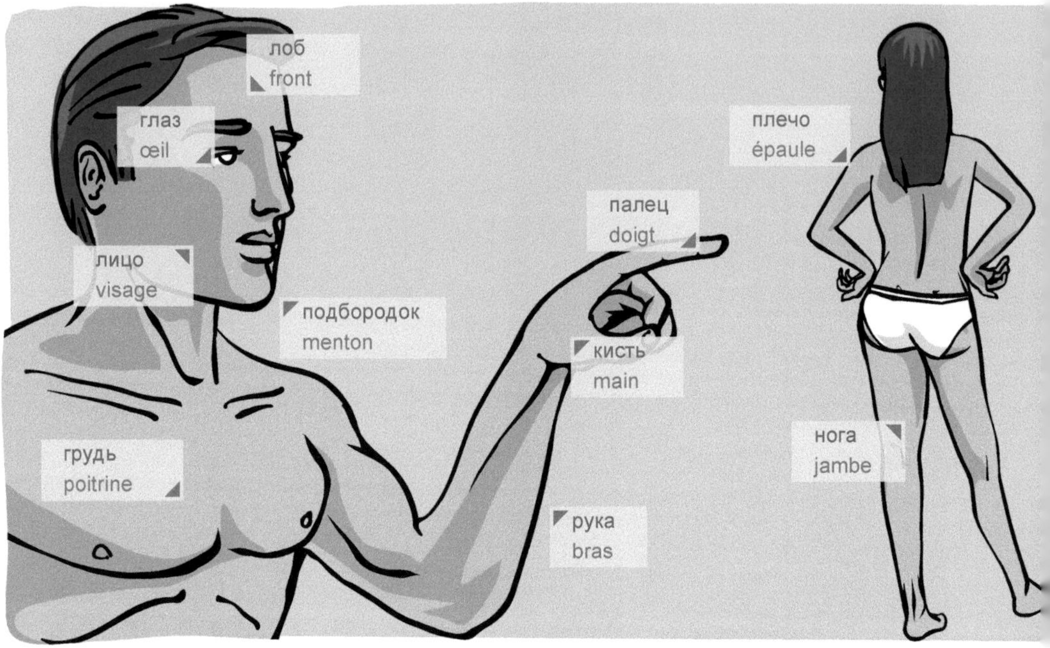

- лоб / front
- глаз / œil
- лицо / visage
- подбородок / menton
- грудь / poitrine
- палец / doigt
- кисть / main
- рука / bras
- плечо / épaule
- нога / jambe

младенец / bébé

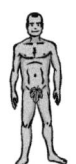

мужчина / homme

женщина / femme

девочка / fille

мальчик / garçon

голова / tête

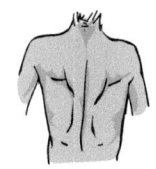 спина dos	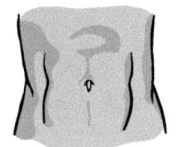 живот ventre	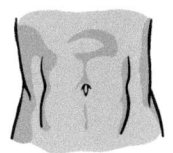 пупок nombril
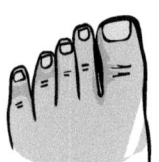 палец ноги orteil	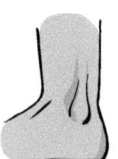 пятка talon	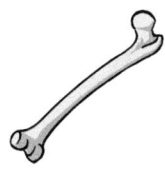 кость os
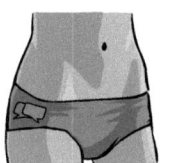 бедро hanche	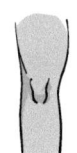 колено genou	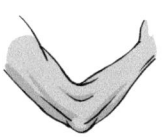 локоть coude
 нос nez	 ягодицы derrière	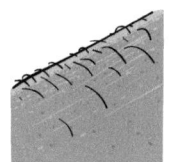 кожа peau
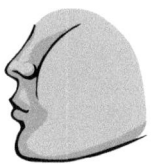 щека joue	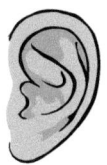 ухо oreille	 губа lèvre

тело - corps

рот
bouche

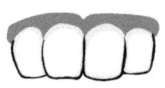
зуб
dent

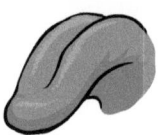
язык
langue

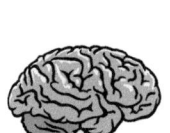
мозг
cerveau

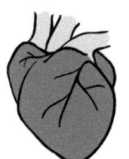
сердце
cœur

мышца
muscle

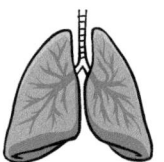
лёгкое
poumon

печень
foie

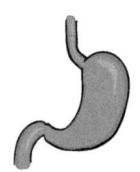
желудок
estomac

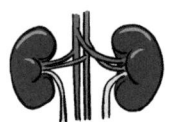
почки
reins

половой акт
rapport sexuel

презерватив
condom

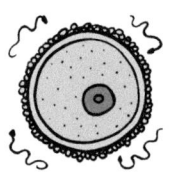
яйцеклетка
ovule

сперма
sperme

беременность
grossesse

тело - corps

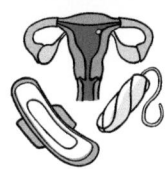

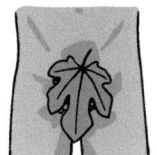

менструация
menstruation

вагина
vagin

пенис
pénis

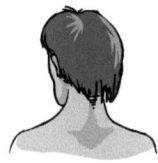

бровь
sourcil

волосы
cheveux

шея
cou

больница
hôpital

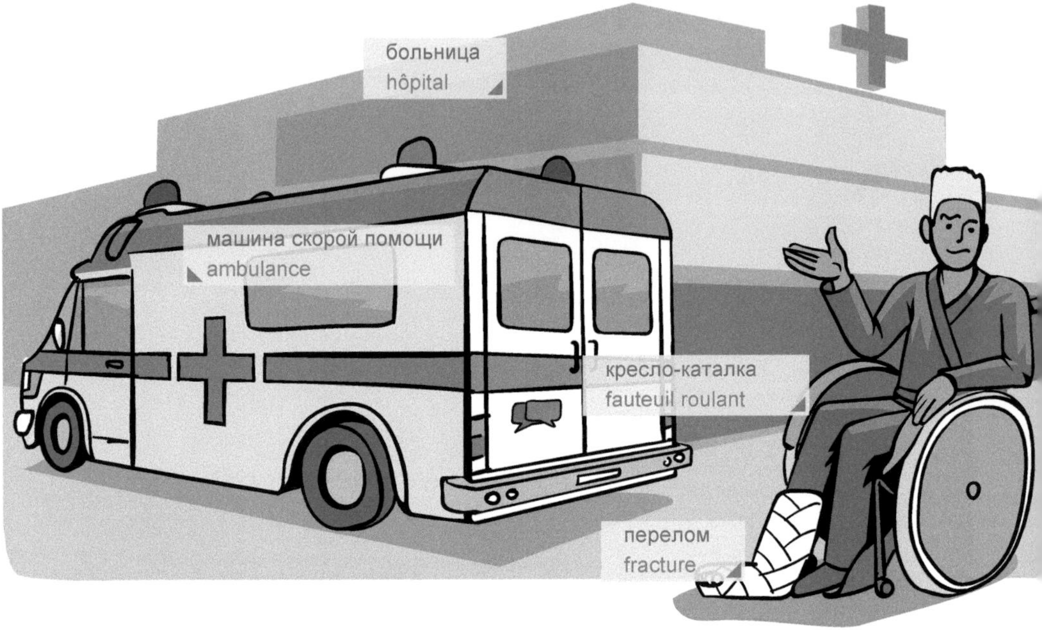

больница
hôpital

машина скорой помощи
ambulance

кресло-каталка
fauteuil roulant

перелом
fracture

врач

docteur

пункт первой помощи

salle des urgences

медсестра

infirmier

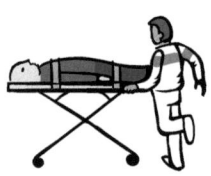

неотложный случай

urgence

без сознания

inconscient

боль

douleur

повреждение
blessure

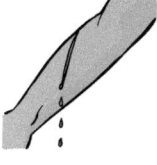
кровотечение
saignement

инфаркт
crise cardiaque

инсульт
AVC

аллергия
allergie

кашель
toux

повышенная температура
fièvre

грипп
grippe

понос
diarrhée

головная боль
mal de tête

рак
cancer

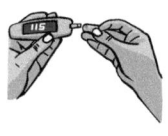
диабет
diabète

хирург
chirurgien

скальпель
scalpel

операция
opération

КТ
tomodensitométrie

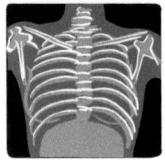

рентген
radiographie

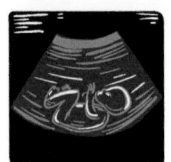

ультразвук
ultrason

маска
masque

болезнь
maladie

приёмная
salle d'attente

костыль
béquille

пластырь
sparadrap

бинт
bandage

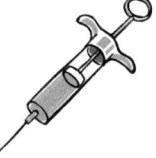

укол
injection

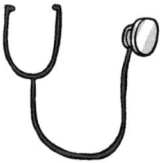

стетоскоп
stéthoscope

носилки
brancard

термометр
thermomètre médical

рождение
accouchement

избыточный вес
excès de poids

больница - hôpital

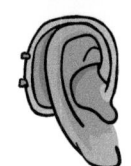

слуховой аппарат
appareil auditif

дезинфекционное средство
désinfectant

инфекция
infection

вирус
virus

ВИЧ / СПИД
VIH / Sida

лекарство
médicament

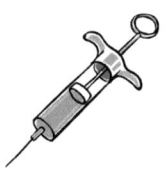

прививка
vaccination

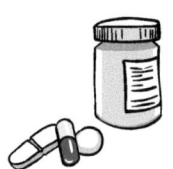

таблетки
comprimés

противозачаточная таблетка
pilule

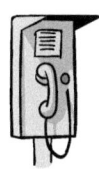

экстренный вызов
appel d'urgence

прибор для измерения кровяного давления
tensiomètre

больной / здоровый
malade / en bonne santé

больница - hôpital

неотложный случай
urgence

сигнал тревоги
alarme

нападение
assaut

Помогите!
Au secours !

атака
attaque

опасность
danger

запасной выход
sortie de secours

огнетушитель
extincteur

несчастный случай
accident

Пожар!
Au feu !

аптечка
trousse de premiers soins

SOS
SOS

милиция
police

земля
Terre

Европа
Europe

Северная Америка
Amérique du Nord

Южная Америка
Amérique du Sud

Африка
Afrique

Азия
Asie

Австралия
Australie

Атлантический океан
océan Atlantique

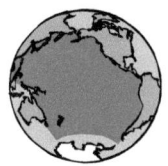

Тихий океан
océan Pacifique

Индийский океан
océan Indien

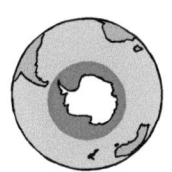

Антарктический океан
océan Antarctique

Северный Ледовитый океан
océan Arctique

Северный полюс
Pôle Nord

Южный полюс
Pôle Sud

Антарктика
Antarctique

земля
Terre

суша
terre

море
mer

остров
île

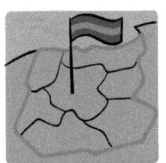

нация
nation

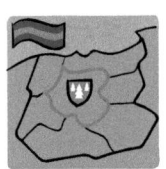

государство
État

часы
heure

циферблат

cadran

часовая стрелка

aiguille des heures

минутная стрелка

aiguille des minutes

секундная стрелка

aiguille des secondes

Который час?

Quelle heure est-il ?

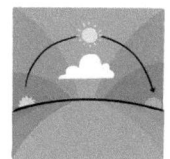

день

jour

время

temps

сейчас

maintenant

электронные часы

montre à affichage numérique

минута

minute

час

heure

неделя
semaine

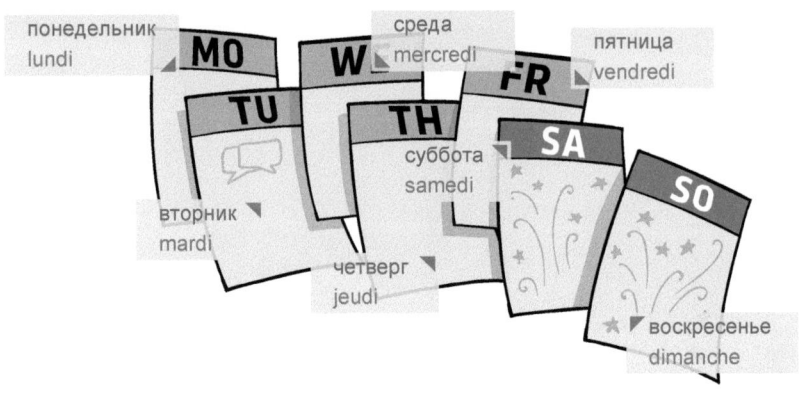

понедельник — lundi
среда — mercredi
пятница — vendredi
вторник — mardi
четверг — jeudi
суббота — samedi
воскресенье — dimanche

вчера
hier

сегодня
aujourd'hui

завтра
demain

утро
matin

полдень
midi

вечер
soir

рабочие дни
jours ouvrables

выходные
fin de semaine

год

année

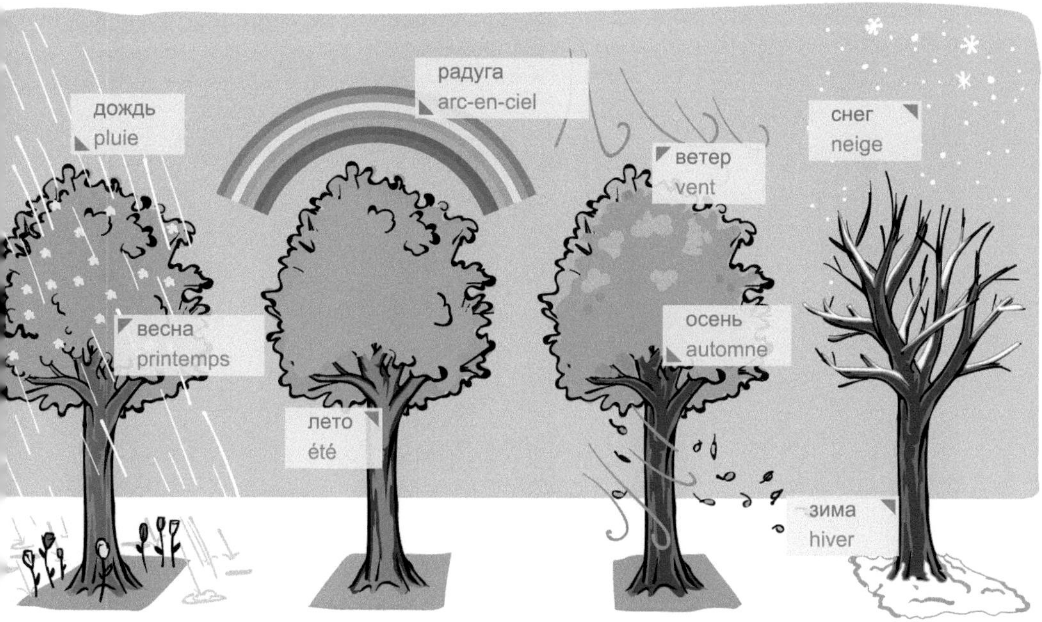

дождь
pluie
радуга
arc-en-ciel
снег
neige
ветер
vent
весна
printemps
осень
automne
лето
été
зима
hiver

4.APRIL 11°
5.APRIL 4°
6.APRIL 13°
7.APRIL 8°
8.APRIL 10°

прогноз погоды

évisions météorologiques

F C
120 40
90 30
60 20
30 10
0 0
-30 -10
-20

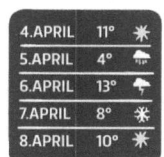

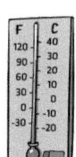

термометр

thermomètre

солнечный свет

rayons du soleil

туча

nuage

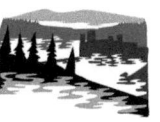

туман

brouillard

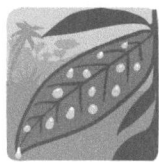

влажность воздуха

humidité

молния
foudre

гром
tonnerre

буря
tempête

град
grêle

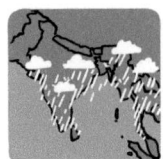
муссон
mousson

наводнение
inondation

лёд
glace

январь
janvier

февраль
février

март
mars

апрель
avril

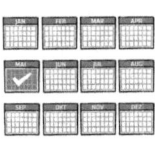
май
mai

июнь
juin

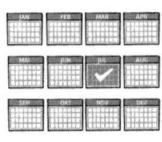
июль
juillet

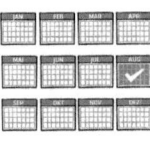
август
août

год - année

сентябрь
septembre

октябрь
octobre

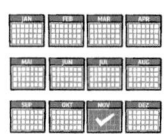
ноябрь
novembre

декабрь
décembre

формы
formes

круг
cercle

квадрат
carré

прямоугольник
rectangle

треугольник
triangle

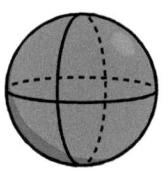
шар
sphère

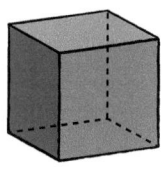
куб
cube

цвета
couleurs

белый
blanc

желтый
jaune

оранжевый
orange

розовый
rose

красный
rouge

лиловый
violet

синий
bleu

зелёный
vert

коричневый
marron

серый
gris

черный
noir

противоположности
opposés

много / мало

beaucoup / un peu

яростный / мирный

en colère / calme

красивый / уродливый

beau / laid

начало / конец

début / fin

большой / маленький

grand / petit

светлый / темный

lumineux / sombre

брат / сестра

frère / sœur

чистый / грязный

propre / sale

полный / неполный

complet / incomplet

день / ночь

jour / nuit

мёртвый / живой

mort / vivant

широкий / узкий

large / étroit

съедобный / несъедобный
comestible / non comestible

злой / дружелюбный
méchant / gentil

взволнованный / скучающий
être enthousiaste / s'ennuyer

толстый / худой
gros / mince

сначала / в конце
premier / dernier

друг / враг
ami / ennemi

полный / пустой
plein / vide

твёрдый / мягкий
dur / mou

тяжёлый / легкий
lourd / léger

голод / жажда
faim / soif

больной / здоровый
malade / en bonne santé

незаконный / законный
illégal / légal

умный / глупый
intelligent / stupide

слева / справа
gauche / droite

близко / далеко
proche / loin

противоположности - opposés

новый / подержанный
neuf / usagé

ничто / нечто
rien / quelque chose

старый / молодой
vieux / jeune

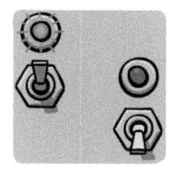

включено / выключено
marche / arrêt

открыто / закрыто
ouvert / fermé

тихо / громко
calme / bruyant

богатый / бедный
riche / pauvre

правильный / неправильный
correct / incorrect

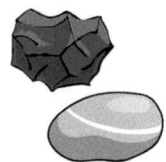

шероховатый / гладкий
rugueux / lisse

печальный / счастливый
triste / heureux

короткий / длинный
court / long

медленный / быстрый
lent / rapide

мокрый / сухой
mouillé / sec

тёплый / прохладный
chaud / froid

война / мир
guerre / paix

противоположности - opposés

цифры
nombres

0
ноль
zéro

1
один
un

2
два
deux

3
три
trois

4
четыре
quatre

5
пять
cinq

6
шесть
six

7
семь
sept

8
восемь
huit

9
девять
neuf

10
десять
dix

11
одиннадцать
onze

12 двенадцать
douze

13 тринадцать
treize

14 четырнадцать
quatorze

15 пятнадцать
quinze

16 шестнадцать
seize

17 семнадцать
dix-sept

18 восемнадцать
dix-huit

19 девятнадцать
dix-neuf

20 двадцать
vingt

100 сто
cent

1.000 тысяча
mille

1.000.000 миллион
million

цифры - nombres

ЯЗЫКИ
langues

английский

anglais

американский английский

anglais américain

мандаринский китайский

chinois mandarin

хинди

hindi

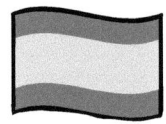

испанский

espagnol

французский

français

арабский

arabe

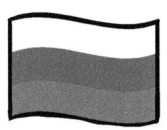

русский

russe

португальский

portugais

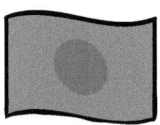

бенгальский

bengali

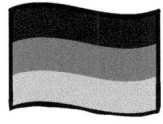

немецкий

allemand

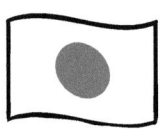

японский

japonais

кто / что / как
qui / quoi / comment

я
je

ты
tu

он / она / оно
il / elle / ce, c', cela

мы
nous

вы
vous

они
ils / elles

кто?
qui ?

что?
quoi ?

как?
comment ?

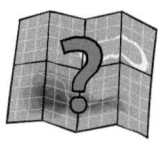
где?
où ?

когда?
quand ?

имя
nom

где
où

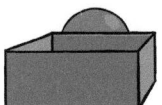

за
derrière

в
dans

перед
devant

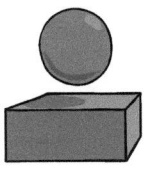

над
au-dessus

на
sur

под
en dessous

рядом
à côté de

между
entre

место
endroit